AF223484

DÉNONCIATION

A

L'ASSEMBLÉE NATIONALE,

Contre le sieur Comte de Buffévent, & autres Aristocrates de la ville forte d'Huningue, en Alsace.

A NOSSEIGNEURS

DE

L'ASSEMBLÉE NATIONALE.

Nosseigneurs,

LEs Citoyens patriotes de la ville d'Huningue, qui ont déjà eu l'honneur de vous offrir leurs hommages & leur soumission (1), étaient depuis long-tems opprimés par le despotisme du Magistrat & de l'État - Major, lorsqu'enfin vos heureuses Loix leur ont annoncé la Liberté. Près de saisir ce bienfait, & d'organiser leur Conseil municipal, suivant les formes que vous avez prescrites, l'astuce & la force arrêtent le développe-

____

(1) *Piéce imprimée*, N°. 1.

A

ment de leur bonheur. L'ariſtocratie leur forge de nouvelles chaînes ; elle cherche à ſe conſerver dans cette place frontiere, à s'y fortifier contre les Loix ; & il eſt bien à craindre qu'elle n'y appelle les étrangers, nos voiſins, & les réfugiés en‑nemis de la Conſtitution, pour les réunir ſous ce boulevard, d'où ils pourraient enſuite porter l'alarme juſque dans le ſein du Royaume.

La malheureuſe ville d'Huningue qui, à cauſe de ſa pauvreté, n'a pu être taxée pour ſa quotte‑part de toutes les impoſitions de l'Etat, qu'à une ſomme de 2,400 livres, était néanmoins accablée d'une charge d'environ 16,000 livres d'octrois ou impôts indirects, dont la plupart avaient été mis par les anciens Adminiſtrateurs, à l'inſu, contre le gré des habitans, & quelquefois même exigés d'eux par concuſſion.

Le jour des doléances, qui devait précéder ce‑lui des juſtices, arrive. Le Peuple court chez ſon Paſteur, pour réclamer ſes conſeils paternels, qu'il ne croit pas pouvoir leur refuſer ; &, ſur ſon avis, ils requierent qu'on leur découvre la charge dont ils ſont grevés, afin de pouvoir en demander la décharge. Les Magiſtrats luttent contre eux; ils inſultent, ils menacent. Accoutumés à cacher dans l'obſcurité ce qu'une loi poſitive leur ordonnait de ſoumettre aux regards de *tous les habitans*,

(3)

ils voudraient ne pas lever le voile qui couvre leurs manœuvres. Mais enfin ils y font contraints. Des comptes qui ne font pas fans faute font préfentés par eux; les doléances du peuple font dreffées & enregiftrées malgré toute la rage de ces Adminiftrateurs ; & dès ce moment une perception inutile & injufte de plus de 5,000 livres, eft abolie.

Bientôt après, les Citoyens fatigués des ufurpations des Magiftrats, qui fe perpétuaient depuis neuf ans , au mépris des formes de l'élection triennale prefcrite par les anciennes Lettres-Patentes , demandent une nouvelle municipalité. Elle eft érigée malgré l'oppofition des ufurpateurs , fous les aufpices de la commiffion intermédiaire Provinciale; & quoiqu'elle fe reffente beaucoup de l'influence des anciens Magiftrats, qui font reftés en poffeffion de rendre la juftice , néanmoins elle a encore affuré un retranchement de plus de 2,000 livres.

Et pour vous convaincre, Nosseigneurs , combien ces retranchemens font équitables, il vous fuffira d'obferver que les parties adverfes intéreffées n'ont pas même ofé réclamer; & alors vous aurez une démonftration arithmétique de leur injuftice & de la caufe de leur haine contre le Curé & les Patriotes, fes conforts.

A 2

(4)

Cependant le fieur de Buffévent, nouvellement
créé Lieutenant-de-Roi de la Ville, s'était joint
aux Magiftrats, avant qu'ils euffent perdu le pouvoir municipal. Son but était de fe faire appuyer
par eux auprès du Peuple, pour le forcer à dou-
bler ou tripler la gratification de deux fous par
mefure de vin, qui, fuivant les termes d'une
ancienne requète qu'on trouve dans les archives,
avait été *librement* accordée par les Cabaretiers au
Lieutenant-de-Roi, *pour le bien-vivre, & obtenir de
lui juftice plus prompte.* Mais le fieur de Buffévent
quoique foutenu par les Magiftrats, ne put réuffir,
ni par menaces, ni par infinuations. Les Cabaretiers qui avaient confulté leur Curé, crurent
qu'il valait mieux laiffer établir fa Cantine, que
l'Affemblée Nationale détruirait bientôt, comme
un abus funefte dans l'ordre moral & politique;
& vous apprendrez, Nosseigneurs, avec indi-
gnation, que l'établiffement de ce Cabaret privi-
légié, où le Lieutenant-de-Roi d'Huningue fait
débiter fon vin par un homme à gages, a commencé au premier Octobre dernier, fix femaines
après que vous aviez prononcé l'abolition de tous
les priviléges. Il fe flattait, fans doute, que les Légiflateurs & les Loix allaient être anéantis.

O facrilége avidité de l'or ! Pour fe procurer
la miférable augmentation d'un lucre annuel de

[5]

50 écus ou 200 livres, un Seigneur titré, si haut,
si riche, si puissant, devait-il calculer sur le ren-
versement de la Constitution & le malheur des
Peuples ?

Voilà, Nosseigneurs, une partie des vexations
de l'aristcoratie d'Huningue, à laquelle les Citoyens
patriotes ne peuvent opposer que des efforts im-
puissans. Et comment se garantiraient-ils des coups
qu'on leur porte, eux qui sont accablés d'une
chaîne pesante, que leurs oppresseurs voudraient
encore river, lorsque vous ordonnez qu'elle soit
rompue ?

Ce Peuple malheureux & timide, sans conseil
& sans appui, ne voyait que son Curé pour le
soutenir; & ceux qui voulaient dévorer le troupeau,
crurent qu'il fallait auparavant égorger le pasteur.
De-là, des cabales affreuses, des intrigues infer-
nales. De-là, des libelles odieux, manuscrits & imprimés. De-là, des requêtes abominables qu'on fait
signer par des hommes surpris, qui viennent ensuite se rétracter avec larmes devant leur pere
qu'ils ont outragé par de perfides insinuations (1).
De-là, des lettres atroces & sans nombre, infruc-
tueusement écrites contre lui à divers Ministres,
à divers Commandants de la Province, au Prince-
Evêque, à l'Intendant, à la Commission intermé-

____

(1) Leur rétractation signée, est entre les mains du Curé.

A 3

diaite Provinciale , fans doute aujourd'hui à l'Affemblée Nationale ; car ils écriraient à l'Eternel ,
s'ils ne craignaient que leur infâme épître ne fût
confumée par le tonnerre , avant d'arriver à fon
trône (1).

Qu'a-t-il donc fait , ce Pafteur que l'on veut
étouffer, & que vous voyez, Nosseigneurs, éprouvé
au creufet de la perfécution ? Il a foulagé fon
peuple de la moitié de fon fardeau ; il a dimi-
nué de 8,000 livres les impôts fous lefquels il
gémiffait. Voilà fon crime ; voilà pourquoi des
Ariftocrates dépouillés de leurs ufurpations , le
repréfentent comme le *perturbateur du repos public.*

---

(1) Plufieurs qui ont fenti le motif fecret de leurs plaintes ,
n'ont pas daigné leur répondre. Le Curé d'Huningue a des lettres de M. l'Intendant , de M. le Maréchal de Stainville , du
Prince-Évêque de Bâle, qui avaient d'abord été prévenus contre
lui , & de M. le Général de Vietinghoff, au nom de M. le
Comte de Rochambeau , qui l'affurent de leur eftime qu'on
avait voulu lui ravir. M. L'Evêque de Lydda fon fupérieur,
Députe à l'Affemblée Nationale , a connu toutes ces tra-
mes , & il a pris la défenfe de l'innocence calomniée. Le
Curé a plufieurs copies probantes des lettres ariftocratiques , où on le repréfente comme féditieux , & où l'on de-
mande qu'il foit dépoffédé de fon bénéfice. Il fallait qu'il
aimât bien la paix , puifqu'il n'a pas voulu pourfuivre fes
calomniateurs, qui jufqu'ici n'ont excité que fa pitié.

(7)

Oui fans doute, il a *perturbé le repos* de ces oppreffeurs, qui prétendent être le centre du public, dont ils ne veulent admettre l'exiftence que pour eux & dans eux. Oui, fans doute, il a *perturbé le repos* de ces heureux du fiecle qui, engraiffés de la fubftance de leurs freres, ne fentaient plus, dans la léthargie de l'ivreffe, les aiguillons du remords. Mais d'ailleurs, prédicateur de la paix & de la fubordination même envers les Magiftrats ufurpateurs & fes perfécuteurs, s'il a montré tant de zele pour la nouvelle Conftitution & pour le bien de fon troupeau, il a prouvé auffi fa douceur & fa prudence au milieu de la révolution, par fa conduite, par fes difcours & par fes écrits imprimés ; & il ne craindra pas d'invoquer ici le témoignage de plufieurs honorables Membres de l'augufte Affemblée, à qui fes travaux font connus, & qui ont bien voulu lui donner des marques d'eftime & d'approbation (1).

---

(1) L'Abbé Delarue , Curé d'Huningue , eft Auteur de l'*Amélioration du fort des Militaires*, 2 vol., qui paraiffent fous les aufpices de MONSIEUR, Frere du Roi, *où il expofe les moyens de porter nos Troupes jufqu'à 466,000 hommes engagés , prêts à marcher en tems de guerre ; de perfectionner la religion & les mœurs , l'inftruction & la formation des Officiers & des Soldats ; d'attacher les uns & les autres à la Patrie ; de leur procurer une meilleure nourriture , un fort plus doux , une retraite plus agréable , &c. (fans nuire à aucun*

A 4

J'ai déjà dit qu'une nouvelle municipalité avait été établie au commencement de Septembre dernier, suivant les formes légales & sous les auspices de la commission intermédiaire de la Province. Le sieur Baudoin, Commissaire des Guerres, Syndic du District, qui est devenu ensuite Président d'un Comité aristocratique, usurpateur de l'administration dont je serai bientôt obligé de parler, s'était fait nommer Commissaire par un seul membre du Bureau du District pour cette élection municipale. Il fit bien voir quel était son but, par ses petites phrases insultantes pour la bourgeoisie, qu'on a sottement imprimées pour servir d'oraison funebre aux Magistrats usurpateurs ; & on doit sentir que la force & l'astuce du parti qu'il protégeait, influerent beaucoup sur la nomination des nouveaux Officiers municipaux.

En effet, NOSSEIGNEURS, des retards dans l'exécution des affaires & des trahisons commencées empêchaient le développement du bien public ; &

---

individu, & même en diminuant les dépenses de l'État d'environ 48 millions.

Il a encore donné la Consolation au peuple, ou Mémoires sur l'état présent des affaires du Royaume, où il prouve que l'on peut sans effort, par une progression rapide jusqu'en 1797, procurer une amélioration annuelle de 300 millions dans nos finances, tant en bonifications qu'en diminutions de dépenses.

Ces deux Ouvrages se trouvent chez BELIN, Libraire, rue St-Jacques, & autres.

quoique les Patriotes en plus grand nombre luttaſſent ſans ceſſe pour l'opérer, cependant, le ſieur Ritter, Syndic, Cabaretier, dévoué à l'ariſtocratie, arrêtait leurs opérations. On peut le prouver par pluſieurs délibérations de la Municipalité, où le ſuſdit Syndic eſt admoneſté ſur ces objets. Deux de ces délibérations, ſignées du Conſeil général des Officiers municipaux & aſſeſſeurs, qu'on n'a pas voulu inſcrire dans les regiſtres, par un ſentiment de miſéricorde & dans la crainte de le perdre, ſont entre les mains du Député extraordinaire, qui eſt forcé de les mettre ſous les yeux de l'Aſſemblée Nationale (1).

Vous y verrez, Nosseigneurs, que le 4 Novembre 1789, le Syndic ci-deſſus nommé s'oppoſait à ce qu'on terminât les rôles des impoſitions qui ont été arrêtés malgré lui ; que le 5 Décembre ſuivant, il refuſait la clef des regiſtres pour enregiſtrer les dons patriotiques & les déclarations du quart ; qu'il voulait empêcher les Officiers municipaux de s'aſſembler pour cet objet ; qu'il s'oppoſait à l'examen des comptes des anciens Magiſtrats ; que les divers livres étaient dans le déſordre ; qu'aucun des édits, déclarations & décrets de l'Aſſemblée Nationale n'avait encore été enregiſtré ; ce qui mettait la municipalité dans le cas du crime

____

(1) _Piéces_, N.os 2 & 3.

de forfaiture; & vous remarquerez, Nosseigneurs, que si depuis ce tems ils ont été inscrits, du moins ils n'ont jamais été présentés à la signature des Officiers municipaux , & le cahier qui en aurait été fait, serait sans aucune forme probante.

Telles sont les coupables manœuvres du parti aristocratique , qui lutte sans cesse contre l'établissement de la Constitution , & qui tente de supprimer toutes les ressources nécessaires , pour soutenir l'État dans la crise qui doit le rappeller à la vie.

Le Pasteur prêchait le patriotisme par ses discours & par ses exemples. Il venait de donner, le premier, quelque argenterie, & de faire une déclaration de tous ses revenus , qui surpasse d'une moitié la proportion fixée par le décret. Plusieurs bons Citoyens se joignirent à lui , & déposerent divers dons sur l'autel de la Patrie. Ils montent à-peu-près à 22 ou 23 marcs d'argenterie , y comprenant celle de l'Église , donnée du consentement du Curé & de la Commune , & sans y comprendre celle remise par des personnes surprises au Bureau aristocratique, illégalement érigé contre celui de la municipalité, qui n'a eu aucune communication de l'emploi , malgré ses réquisitions. Tous les autres dons sont restés entre les mains du Syndic.

Le Curé, dans l'Assemblée générale de la Com-

(11)

mune au commencement de Décembre dernier ;
fit la motion pour un don patriotique de 500 liv.
à prendre sur les revenus patrimoniaux. Elle fut
accueillie & insérée dans les regiftres de la Municipalité ; mais elle n'a point été délivrée par
le Syndic.

A peu-près dans le même tems , le Curé requit encore qu'à caufe du retard occafionné par
les anciens Magiftrats dans les rôles & la perception des impôts , la caiffe de la Ville fît l'a-
vance d'une fomme de 1500 livres , pour fubve-
nir à la détreffe de l'Etat ; & fur l'engagement
qu'il prit avec deux autres municipaux de la rem-
placer au befoin , elle fut comptée au Tréforier
des Guerres. Cependant on preffa la perception ;
& au commencement de Janvier, elle était à-
peu-près finie. Mais à la mi-Février, au départ du
Député extraordinaire, la fomme de 8 à 900 liv.
qui reftait à payer, n'était point encore foldée par
la faute du Syndic.

Enfin, dès le commencement de Décembre,
divers Patriotes avaient fourni une fomme d'environ 1200 livres , foit par don, foit par avance,
fur le quart de leurs revenus ; & à la mi-Février,
le Syndic n'avait point encore fait remettre à l'Etat
cette fomme deftinée à fes befoins.

La maffe totale qui réfulte de cet expofé eft
à-peu-près de 3,500 à 4,000 livres ; & vous la

trouverez, Nosseigneurs , bien confidérable , fi vous voulez réfléchir qu'elle a été formée prefque entierement par le parti des Patriotes opprimés d'une Ville petite & pauvre, qui n'a pu être taxée qu'à 2,400 livres pour fa quotte part de toutes les impofitions de l'Etat. Cette maffe devait être envoyée à l'Affemblée Nationale dès le 16 Décembre, comme il eft prouvé par la requête imprimée qui lui fut adreffée pour lors par les habitans (1). Cependant , elle eft depuis plufieurs mois en ftagnation entre les mains du Syndic , ou du Receveur qui voudrait bien la délivrer , & qui n'ofe le faire fans fes ordres. Mais le petit defpote Cabaretier affis fur fon tonneau , & joint par une monftrueufe union (2) au fieur de Buffé-

____

(1) *Piéce imprimée , No. 4. pag. 4. 16 Décembre* 1789.

(2) On dit que cette *union* eft *monftrueufe* , parce que le fieur Ritter , Syndic , Cabaretier , ennemi naturel de la Cantine du fieur de Buffévent, l'avait attaqué en procès & que celui-ci l'avait traité énergiquement de B.... & de F.... avec quatre autres Cabaretiers fes co-Députés. Ce fait eft inconteftable. Les maltraités qui en firent leur rapport à la Municipalité , auraient voulu qu'elle l'inférât dans fes regiftres. Mais le Curé & les autres Officiers Municipaux non Cabaretiers s'y oppoferent , comme à un objet de procédure qui ne les regardait pas. Alors ils fe font contentés d'avaler leur honte ; & aujourd'hui ils font intimément avec le même fieur de Buffévent , qui fans doute pour regagner leur amitié , les a fait tous entrer dans la Municipalité nouvelle par la force des armes.

vent, qui commande la force militaire, fufpend malgré le vœu & les réquifitions des municipaux Patriotes, cette circulation bienfaifante qui peut alléger la détreffe de l'Etat. Voilà l'homme qu'une aggrégation ariftocratique', illégalement formée au milieu des baïonnettes, malgré la proteftation du plus grand nombre des Citoyens, vient d'établir Maire d'une Ville forte, qu'il ferait très-intéreffant d'attacher à la Conftitution.

C'eft avec douleur que les bons Citoyens voyent le retard de paiement qui paraît médité dans quelques endroits, pour arrêter l'organifation nouvelle. S'il était, NOSSEIGNEURS, par toute la France en proportion de ce que vous voyez à Huningue, il furpafferait la fomme totale des impofitions générales du Royaume, au moins d'une moitié ; & le reverfement de ces objets retardés fournirait par conféquent 6 à 700 millions qui rétabliraient bien vîte l'aifance dans le Tréfor National. Mais l'ariftocratie n'a pas dans les autres endroits la même force de réfiftance que dans cette Ville peu nombreufe, où le Patriotifme eft fur le point d'être étouffé par l'oppreffion de l'Etat-Major & des Magiftrats, qui viennent de s'affocier les nouveaux Officiers municipaux & Notables créés par eux au milieu des baïonnettes.

C'eft pourquoi, NOSSEIGNEURS, ils vous fupplient d'ordonner au fieur Ritter, ci-devant Syndic & au fieur Higy, Receveur, qu'auffi-tôt votre ordre à eux communiqué par tel Patriote que vous déléguerez, ils aient à faire tenir aux Receveurs des Finances & à l'Hôtel des Monnoies toutes les fommes d'argent & d'argenterie ci devant défignées, qui n'avaient pas été délivrées à la mi-Février, quoiqu'elles duffent être envoyées à l'Affemblée Nationale dès le 16 Décembre 1789, fous telle peine qu'il vous plaira arbitrer; afin que les Patriotes, qui ont montré leur zéle, ne foient pas fufpectés de retenir les dons qu'ils ont faits, & la quotte-part des impôts qu'ils doivent à l'Etat.

Les mêmes habitans proteftent que plufieurs autres dons, déclarations & paiemens du quart des revenus affez confidérables euffent encore été faits, fi au milieu du trouble & de la confufion, caufés par les Ariftocrates qui fe font emparés du gouvernement, ils euffent fu à qui remettre utilement leurs offrandes. Et ils feront tous prêts à les apporter auffi-tôt que les Légiflateurs auront fait ceffer l'anarchie & défigné ceux qui doivent être les dépofitaires du pouvoir adminiftratif.

Je reprends, NOSSEIGNEURS, les preuves des mauvaifes intentions des Ariftocrates d'Huningue contre la Légiflation perfectionnée, dont vous vous occupez en ce moment.

Dès le 15 Novembre 1789 , le Curé avait proposé dans l'Assemblée de la Commune , une Adresse d'hommage & de soumission à notre auguste Sénat Législatif. Cette Adresse fut approuvée par une acclamation générale ; & elle devait être envoyée le lendemain. Mais le sieur Ritter, Syndic, ce Cabaretier Aristocrate, refusa de la signer. Il retarda l'envoi de cette Adresse ; & ce n'a été que quinze jours après que les Officiers municipaux profitant de son absence , ont pu la signer & l'expédier (1); & on sent bien que les Magistrats & le parti opposant aux Patriotes, adhéraient à sa *récalcitration*.

Cependant le moment de la nouvelle organisation arrive. Les habitans sont assemblés le lundi 25 Janvier après midi , pour entendre l'explication des réglemens relatifs à l'élection. A l'ouverture du regiftre, le Curé & quatre Officiers municipaux , surpris de trouver un arrêté infamant qui avait été inscrit contre eux dans la matinée, à leur insu & sans convocation, par les sieurs Baur & Meyer , unis au Syndic, se récrient contre cet acte abominable du despotisme insolent de quelques individus , contre le très-grand

---

(1) Piéce imprimée, N°. 1. *pag.* 4. où on ne trouvera pas la signature du Syndic.

nombre, & il allait être condamné par la Commune. Mais des cris, des clameurs, des brutalités féroces de la part des coupables & de quelques adhérents, arrêterent toute délibération, & occafionnerent la diffolution de l'Affemblée. Celleci fut obligée de fe réunir enfuite hors de l'Hôtel-de-Ville, pour en dreffer procès-verbal, & affurer fon eftime aux Municipaux Patriotes outragés par le parti contraire (1).

Pour empêcher de pareils écarts fi funeftes à la liberté, il fallait établir l'ordre. Cinq Officiers municipaux, firent une délibération à cet effet, que les deux autres avec le Syndic, refuferent de figner. Elle a été trouvée fage par la commiffion intermédiaire d'Alface, & formellement approuvée par elle (2).

Vous ferez furpris, NOSSEIGNEURS, que le parti contraire, après avoir été forcé d'entendre la lecture du réglement approuvé, fe foit refufé de s'y conformer, & qu'il ait voulu par fes clameurs, empêcher qu'on ne prît les voix au fcrutin, pour décider toutes les queftions, ainfi qu'il avait été arrêté par l'article 6; & quoique l'un des deux Membres municipaux dont on fe plaint,

---

(1) Piece, N°. 5. *pag.* 1. 2 & 3.
(2) Piece, N°s. 6 & 7.

le fieur Meyer, fe réuniffant aux cinq autres, ait pareillement demandé le fcrutin (1). Il eft donc évident que les oppofants cherchaient le défordre, où ils efpéraient par la force des poumons, par féduction & par furprife, faire prévaloir leurs vues ariftocratiques.

Néanmoins la Communauté fatiguée de ces délais, obligea les vieillards fcrutateurs de s'affeoir ; & le Syndic voyant qu'il ne pouvait plus détruire le réglement dont l'exécution était forcée par le vœu commun, fe retira avec fa cabale, compofée en grande partie des Magiftrats expirants ; & tout fe fit alors avec ordre & tranquillité, comme on le voit par le procès-verbal (2).

L'Affemblée générale pour l'élection des Officiers municipaux, avait été fixée au Lundi premier Février. Et, en conféquence, on s'affembla à neuf heures du matin. Mais le Syndic avait défendu de fonner la cloche de l'Hôtel-de-Ville. Les Ouvriers qui perdaient leur journée, fe récriaient violemment contre cet acte infenfé de fon defpotifme ; & quatre Officiers municipaux, vu la délibération de la veille, & celle faite huit jours auparavant, ordonnerent qu'on levât les fer-

____

(1) Pièce, No. 8.
(2) Pièce, idem.

rures, & qu'un Bourgeois sonnerait la cloche sur le refus que ferait le Bedeau d'obéir.

L'Assemblée générale fut donc légitimement formée ; & vous verrez par le procès-verbal (1), que le sieur Delarue, Curé, y fut réguliérement nommé Président à la pluralité absolue, & que tout s'y est passé dans le plus grand ordre, conformément aux Loix Nationales, & au réglement approuvé.

Mais une cabale se tramait chez un ancien Magistrat. Là, on faisait venir du Cabaret des pots de vin en abondance, & au milieu de la joie des buveurs, on faisait signer une signification aux Officiers municipaux, pour suspendre toute Assemblée. On arrêtait les passants dans la rue, &, jusques dans l'Assemblée générale, on envoyait allicier les Bourgeois pour le même objet (2).

Vous serez convaincus, NOSSEIGNEURS, par la signification même des protestants (3), qu'on avait inscrit par avance le nom de plusieurs, qu'il a fallu rayer ensuite, parce que sans doute ils ont refusé leur signature, sur laquelle on avait

---

(1) Piece, N°. 9.
(2) Piece, N°s. 10. 11 & 12.
(3) Piece, N°. 13. *pag.* 3.

compté. Et en comparant les noms de ceux qui
ont signé avec ceux qu'on trouve à la fin de l'A-
dreſſe imprimée (1), on reconnaîtra qu'il y en
a 22 ſur 35 qui n'ont pas adhéré à l'acte d'hommage & de ſoumiſſion rendu à notre Sénat légiſ-
latif. D'où il ſuit qu'on doit les ſoupçonner ennemis de la Conſtitution, qui fera le bonheur commun. D'ailleurs, parmi les proteſtants, deux n'é-
taient pas Citoyens actifs ; un autre a déclaré
qu'il avait été ſurpris, & ſa déclaration eſt jointe
aux pieces (2). Enfin, j'oſe aſſurer que les dix ou
douze qui reſtent, n'attendent que le moment
où l'Aſſemblée Nationale aura aſſuré ſa protection
aux Patriotes, pour ſe réunir à eux ſans crainte &
ſans danger.

Tous les actes de l'Aſſemblée illégale formée
chez l'ancien Magiſtrat, devaient être rejettés.
L'Aſſemblée générale étant formée, les oppoſants
n'avaient d'autre moyen que celui d'y apporter
leur vœu ; & ſi le ſcrutin eut été en leur faveur,
leur oppoſition eut triomphé. Mais ils prévoyaient
qu'ils ne devaient pas l'emporter ; & pour cet
effet, ils formerent une ſciſſion qui, au lieu d'in-
firmer la validité de l'Aſſemblée générale, ne

____

(1) Piece, No. 1. *pag.* 8.
(2) Piece, No. 10.

doit fervir qu'à les faire regarder comme des per-
turbateurs du repos public.

Les oppofants fentaient bien la foibleffe de leur
caufe ; & pour fuppléer à la force d'équité qui
lui manquait, ils eurent recours à la force militaire. Le fieur de Buffévent s'empreffe d'envoyer
fon Aide-Major à l'Hôtel-de-Ville, où il déclare
qu'il va diffoudre l'Affemblée par le moyen des
troupes, fi elle ne fe diffout elle-même (1). Et la
feule raifon qu'il donne de cet odieux procédé,
c'eft qu'il trouve que l'Affemblée eft illégale,
parce qu'il n'y voit pas le Syndic. Il ne veut,
dit-il, reconnaître que lui, quoiqu'on lui faffe voir
que la majorité des Officiers municipaux fe trouve
là réunie à la Commune, réguliérement convoquée par le Syndic lui-même, dont l'abfence
ne peut nuire à la légalité de l'élection.

Cependant midi fonnait. La Commune con-
vient de fe féparer, & de fe réunir enfuite à
deux heures, malgré les menaces militaires pour
continuer l'élection. Mais alors le Meffager de
Ville apporte au Curé-Préfident fa déclaration
écrite, par laquelle il refufe de marcher pour réité-
rer la convocation, vu qu'il eft menacé par le
Commandant d'être emprifonné (2).

____

(1) Piece, No. 9. pag. 2.
(2) Piece, No. 15.

Cette nouvelle menace fait fufpendre l'Affemblée , afin d'éviter des malheurs ; & on députe
des Bourgeois pour Strasbourg, afin d'en rendre
compte à la commiflion intermédiaire & au Commandant de la Province.

Ceux-ci rapportent une injonction au Commandant de la Place, de laiffer agir les habitans en
liberté , & un arrêté de la Commiflion intermédiaire , qui ordonne qu'il foit procédé fans délai
à l'élection très-inftante des Officiers municipaux (1).

Le Curé-Préfident , qui avait différé l'Affemblée par prudence , ne crut pas alors pouvoir s'arrêter plus long-tems , fans fe rendre coupable envers la Loi. Il en prévient le Commandant de la
Place , & fur le refus que fait le Syndic , confeillé
par ledit Commandant (2) de faire ouvrir l'Hôtel-
de-Ville , il convoque l'Affemblée des Citoyens
actifs, à l'Eglife , le Dimanche fept Février , après
Vêpres. Le peuple s'y rend. Mais à peine commen-
çait-on à fe mettre en ordre, que le Syndic accourt
avec les Magiftrats , le Greffier & quelques adhérents , pour porter le trouble par des clameurs &
des injures atroces. Ils menacent , & ils fe mettent

____

(1) Piece , No. 16.
(2) Piece , No. 17. pag. 1.

en action ; une table eſt renverſée & briſée , des perſonnes ſont inſultées & frappées (1).

Alors le Curé-Préſident fait requérir le ſieur de Buffévent de lui donner un ſecours militaire. Celui-ci vient lui-même , il fait des compliments au parti inſurgent ; il lui conſeille *de ne pas ſe prêter à l'élection.* Il dit , *qu'on a écrit contre lui des impoſtures , & qu'on peut bien auſſi avoir obtenu , par d'autres impoſtures , un arrêté de la commiſſion intermédiaire* (2).

Ces inſultes commiſes envers le peuple & envers celui qui avait été choiſi pour faire exécuter votre plan d'organiſation , vous paraîtront, Nosseigneurs, d'autant plus odieuſes, qu'elles étaient protégées par les armes. Vous les réprimerez , & vous ne croirez pas que le ſieur de Buffévent ſe ſoit juſtifié par-là d'avoir menacé d'employer la force militaire, pour diſſoudre l'Aſſemblée du premier Février. Si ſes menaces , notifiées par ſon Aide-Major, n'étaient pas ſuffiſamment prouvées par le procès-verbal ſigné de la Commune (3), on lui ferait voir la déclaration du nommé Reſch , Meſſager de Ville , qu'il a menacé d'empriſonnement , s'il faiſait la convoca-

_____

(1) Piece , No. 17. pag. 2.
(2) Piece , No. 17 , pages 2 & 3.
(3) Piece , No. 9 , page 2.

vocation (1), & une autre du même, en date du sept Février, confirmative de la précédente (2). Enfin, on le confondrait par la révélation des moyens *astucieux* qu'il a pris avec son commode Notaire, le sieur Blanchard, pour détruire ces preuves victorieuses, en sollicitant dudit Messager de déposer devant lui, qu'il avait été forcé à la derniere déclaration *par des hommes en courroux*. On expose à vos yeux, Nosseigneurs, cét acte notarié, que le pauvre Messager remit au Curé - Président, devant plusieurs témoins; & vous y verrez qu'il a lui-même écrit au bas que les porteurs du billet *n'avaient point eu de courroux*, & qu'ils ne lui avaient *rien dit autre chose*, sinon *qu'il fallait qu'il donnât par écrit sa réponse* (3).

L'intrigante aristocratie pourrait-elle donc insulter, menacer, frapper, persécuter les amis des Loix, & se dérober ensuite à la vindicte publique par une lâche dénégation? Et parce qu'elle aurait joint la plume à l'épée, la force à l'astuce, deviendrait-elle invulnérable? Non, non, Nosseigneurs, vous lui arracherez l'égide dont elle

____

(1) Piece, No. 15.
(2) Piece, No. 18.
(3) Piece, No. 19, page 3.

B 4

voudrait fe couvrir. Vous réprimerez le crime
qu'elle voudrait excufer par un nouveau crime,
dont la preuve eft jointe aux pieces.

Reprenons le fil de la narration. Le fieur de
Buffévent refufait des Soldats, fous prétexte que
tout était très-tranquille. Cependant, comme il
vit lui-même, en voulant fortir, qu'il fe trou-
vait en danger, il en fit entrer fix. L'Aide-Major
refta à côté du Préfident, qui requit de lui, qu'il
eût à faire retirer les femmes, les enfans & tous
ceux qui n'étaient pas Citoyens actifs. Mais celui-ci
le refufa, en difant qu'il pouvait l'ordonner lui-
-même, qu'il ne voulait pas y employer les Soldats, qu'il fallait laiffer jouir le peuple du bienfait de la Liberté (1).

Cependant un Général, M. de Klœckler, appellé par le fieur de Buffévent, qui voulait éluder
l'ordre du Commandant de la Province, arrive
dans la Place. Il paffe devant l'Eglife, & le Préfident le fait prier d'y entrer, pour appaifer le
défordre. Mais au lieu de fe rendre à l'endroit
où fa préfence était fi néceffaire, il fe laiffe en-
traîner au Comité des anti-Patriotes qui venaient
d'exciter le tumulte, & il fe réunit avec eux en
conférence chez le fieur Baudoin, Commiffaire

____

(1) Piece, No. 17, page 3.

des Guerres, foi-difant Préfident du foi-difant
Comité qui s'était formé au coin de fon feu, &
emparé de l'Adminiftration civile, le foir même
du jour où le Préfident, à l'élection, avait été
nommé. (*le* 1. *Février.*)

Le Curé laffé d'attendre, eft obligé de quitter
le lieu de fa préfidence, pour fe tranfporter lui-
même auprès du Général, & lui demander main-
forte. Mais déjà rempli des idées de l'État-Major
& des Ariftocrates qui l'avaient éloigné de l'Affemblée de la Commune, il veut d'abord éluder. Cependant preffé par la force des raifons, il promet
enfin une garde ; & comme la nuit était com-
mencée, l'Affemblée eft remife au lendemain
matin (1).

Quel fut l'étonnement du Curé, lorfqu'il lui
refufa le lendemain la troupe qu'il lui avait pro-
mife la veille ! Il avait lieu d'attendre un fecours
de protection, & il voit fon Eglife, fa maifon
entourées de fentinelles, qui avaient ordre de ne
laiffer entrer perfonne chez lui. Le Vicaire appellé
pour le Miniftere, eft obligé de fortir dans la rue
pour parler à ceux qui le demandaient. Il fe pré-
fente lui-même à fa porte avec plufieurs Bour-

____

(1) Piece, N°. 17, page 4.

geois, & on refufe de laiffer entrer ceux qui l'ac-
compagnent (1).

Vous fentirez, Nosseigneurs, que le but des
Ariftocrates était de mettre un obftacle à l'Affemblée d'élection, & d'empêcher en même tems
que les Bourgeois n'entraffent au Presbytere, pour
y dreffer procès-verbal des horreurs commifes la
veille, qu'on voulait fouftraire à toutes les formes probantes. Enfin, on cherchait par-là à avilir le Pafteur aux yeux de fon troupeau, en le
montrant comme un homme dangereux, auprès
duquel il ne falloit plus approcher (2). En même
tems, un Magiftrat en fureur l'outrageait devant plufieurs témoins, & lui déclarait *que fa vie
n'était plus en fûreté* (3) ; & depuis qu'il eft parti
en députation vers l'Affemblée Nationale, on lui
écrit que la cabale ariftocratique *menace de le dé-*

----

(1) Piece, N°. 20, page 1.

(2) Le Général qui fit retirer une de ces fentinelles feule-
ment, dit au Curé que c'était un *mal-entendu* ; mais tout
le monde fentira que c'était un coup *bien-entendu*, bien
calculé, *un coup de maître*, comme ils le difaient, qui
devait avilir le Pafteur & porter la terreur parmi les Patriotes fes conforts. Et l'on fait que ce point avait été long-
tems difcuté avec le fieur de Buffévent & le Syndic, fur
le refus que l'Officier de garde avoit fait à ce dernier.

(3) Piece, N°. 20, page 1.

truire à son retour. Dans ce moment, enfin, il re-
çoit des lettres de S. A. le Prince-Evêque de Bâle
& de son Official, qui lui font part des *récits*
allarmans du prétendu Maire & des Aristocrates,
sur *les grands malheurs & les excès affreux dans*
lesquels il doit être enveloppé (1).

—————————

(1) Le prétendu Maire, & autres soi-disants Municipaux, ont été trouver le Prince-Evêque, pour l'engager
à déposséder le Curé d'Huningue. Ils l'ont tellement effrayé,
qu'il en a écrit au Ministre. *Je l'ai fait,* dit-il, *par un*
sentiment de crainte & d'attachement pour vous, & non par
envie de vous nuire. L'idée seule que vous pourriez en avoir
me peinerait infiniment. Les marques d'estime & d'affection
particuliere que vous avez déjà reçues de moi, vous en font
un sûr garant ; & je me ferai un plaisir de vous donner
une nouvelle preuve de ces sentimens que je nourris pour
vous, par la part sincere que je prendrai à votre victoire.
Au milieu de ces allarmes dont on l'environnait, **il**
s'était vu comme forcé de nommer un Administrateur en
place du Curé, & il le retire. *J'écris,* dit-il, *à M. l'Abbé*
Schveitzer, que le décret que je lui ai adressé étant sans
objet, il doit désormais l'envisager comme sans effet. D'a-
près tout ceci, j'espere, Monsieur, qu'il ne vous restera
plus de doute sur la pureté de mes intentions à votre égard.
Si, ni plus ni moins, vous trouvez qu'il vous arrive quel-
que tort dont vous me croyiez la cause, je ne me refuserai
jamais de le réparer. Faites-moi-le seulement connoître,
& je vous prouverai de nouveau, &c. Lettre du... Mars
1787, pieces Nos. 26 & 27.

Ah ! du moins, fi fon fang pouvait fervir à cimenter la Conftitution Françaife & le bonheur du troupeau que la Providence lui a confié, il verrait dans le calme de fon ame, l'éternité s'ouvrir à fes yeux. Mais hélas ! que veulent-ils dans leurs perfides machinations, ces enfants ingrats ? établir fur le tombeau de leur pere, le Trône du defpotifme, fous lequel ils méditent d'affervir leurs freres trop foibles pour fe défendre. Daignez, Nosseigneurs, prêter à ces opprimés une main fecourable ; rompez l'union effrayante de la force & de l'aftuce, qui menace les amis du bien public ; & ne permettez pas qu'ils foient écrafés avec les loix, pour lefquelles ils combattent.

La Commune ayant vu qu'il était impoffible de terminer l'organifation de la nouvelle municipalité, pria fon Pafteur de partir auffi-tôt, pour porter fes plaintes à l'Affemblée Nationale contre tant de vexations (1) ; &, depuis fon départ, il apprend qu'on a fait l'élection au milieu des baïonnettes, dont le fieur de Buffévent s'eft fervi pour protéger ces mêmes Cabaretiers qu'il avait fi fort avilis. Mais il voulait fe raccommoder avec

---

Lorfque des ames honnêtes font trompées, elles reviennent bientôt vers la juftice, qui fe montre à eux, & les trompeurs ont creufé leur précipice.

(1) Piece, N°. 21.

eux, & s'en faire un appui, en les portant tous
au grade municipal. Au milieu de cette municipalité de Cabaret (1), il a intronifé l'ancien
Receveur, qui doit rendre les comptes de dix ans,
& qui fe les rendra par conféquent à lui-même.
Enfin, pour leur affurer un Secrétaire adroit,
il a fait nommer fon cher & commode Notaire,
dont j'ai déjà rapporté le trait délicat, qui méri-
tait bien une marque de reconnoiffance.

Pour procéder à cette élection, il fallait du
moins raffembler quelques Bourgeois ; & pour
les raffembler, il fallait leur perfuader que l'Affemblée Nationale avait prononcé contre le Curé.
C'eft pourquoi, le Syndic & le Greffier décla-
rent au peuple, qu'ils ont obtenu un décret de
nos Légiflateurs, qui donne l'exclufion au Curé

---

(1) Les Cabaretiers font ceux à qui le Curé d'Huningue
a rendu les plus grands fervices, foit en les mettant à l'a-
bri, par fes confeils, de la concuffion que voulait exercer
fur eux le fieur de Buffévent, foit en faifant abolir la taxe
de 18 fous par mefure de 30 pots, qui formait l'octroi
de plus de 5,000 livres, détruit à la fuite des doléances,
page ...; & ils fe réuniffent, contre leur bienfaiteur, à celui
qui a voulu les écrafer, & qui les a avilis. D'autres inté-
réts les ont fait agir autrement. Dailleurs, il faut rendre
juftice au grand nombre, qui a refpecté les Loix & la re-
connaiffance.

& aux étrangers Bourgeois , devenus Français , ci-devant votants. Le téméraire Greffier, pour mieux assurer le succès de sa fourberie, en délivre une copie notariée, de lui signée , que vous trouverez , NOSSEIGNEURS, jointe aux pieces sous ce titre : *Copie du décret de l'Assemblée Nationale*(1). Et pourtant ce prétendu décret n'est qu'un avis du Comité de Constitution qu'on a trompé , & qui a reconnu son *erreur* par un acte, signé *Target, Rabaut de St.-Etienne & Chapelier* (2).

Ce n'est pas tout, NOSSEIGNEURS; le peuple d'Huningue qui s'est vu si souvent abusé , crut bien qu'on lui en imposait. Et malgré tant d'astuce & de manœuvres, on ne se disposait pas à se rendre à l'élection. Il fallut en forcer quelques-uns, & en faire entrer d'autres qui n'avaient pas la qualité de Citoyens actifs (3). Par ce moyen

---

(1) *Piece*, No. 22.

(2) *Piece*, No. 23.

(3) On n'a pas encore pu se procurer le procès-verbal de cette élection. S'il était nécessaire , l'Assemblée Nationale le trouverait dans ses Bureaux. Mais on peut assurer ces faits sur des lettres non-suspectes , & sur la signature d'un de ceux qui , appellé par l'Etat-Major , a déclaré qu'*il ne voulait pas se trouver à l'Assemblée* , quoi qu'il s'y soit rendu par crainte. Mais il serait inutile d'entrer dans ces détails. La Liberté a cessé où la force a commencé. Par conséquent tout a été illégal.

on réunit à-peu-près le quart des habitans, tant
de droit que de fait ; & en vertu d'arrangemens
adroitement combinés, les deux tiers de ce quart,
qui forment la véritable portion aristocratique,
occupent aujourd'hui toutes les charges militaires,
judiciaires & administratives (1). On peut juger
par les détails qu'on a déjà vus, que, sous leur protection, la Justice, la Constitution & les Loix,
vont fleurir dans Huningue.

Il ne sera pas inutile d'observer ici, que cette
élection, d'abord annoncée pour le Lundi par
le Syndic, fut faite à la hâte le Samedi dans
l'après-midi ; & à midi, un grand nombre des
habitans n'étaient pas encore prévenus. La cause
de cette précipitation fut, sans doute, que le sieur
de Buffévent reçut une lettre de réprimande du
Ministre de la Guerre, à qui l'Assemblée Natio-

____

(1) On en compte 5 de l'Etat-Major, 10 du Magistrat & 20 Municipaux ou notables. C'est une grande masse,
nous dira-t-on, pour une petite Ville. Mais cette grande
masse, (quand on aura aboli l'Etat-Major inutile, dispen-
dieux & nuisible dans ce moment) n'aura plus que deux
ou trois chefs, qui n'auront pas la force de la mouvoir. Et
d'ailleurs, on affirme ici, que plusieurs du Magistrat &
des Municipaux, qui n'ont pas eu le courage de résister à
l'impulsion aristocratique, pressent le Député de faire
anéantir cet ouvrage de ténèbres.

bale avait renvoyé les procès-verbaux d'Huningue. Dans cette lettre, il lui faisait *sentir son très-grand tort, & il lui prescrivait la conduite que Sa Majesté voulait qu'il tienne* ; ce qu'on prouve par celle que le même Ministre adressa au Curé-Président (1), dans sa Paroisse, d'où les vexations l'avaient déjà obligé de partir. Or, le sieur de Buffévent craignait *le revenant*, & il voulait avant son retour, former une municipalité à ses ordres, qui le protégerait & l'excuserait auprès du Ministre. Que d'astuces & d'intrigues jointes aux violences du despotisme !

Au milieu de ces entreprises illégales, les Pa-

---

(1) *Piece*, No. 24.) Lettre de M. le Comte de la Tour du Pin, Ministre de la Guerre, à M. Delarue, Curé d'Huningue, & Président des Citoyens actifs, du 11 Février 1790. *Je lui écris,* (à M. de Buffévent) *pour lui faire sentir son très-grand tort, & lui prescrire la conduite que Sa Majesté veut qu'il tienne. . . . . . Sa Majesté est persuadée, Monsieur, que vous & les autres Citoyens actifs d'Huningue, sentez combien il importe à cette Ville, que le choix que vous allez faire ne tombe que sur des personnes qui ne soient pas moins distinguées par leur zele pour le bien public, que par leurs lumieres. Elle ne doute pas non plus qu'animés du même esprit, & étouffant tout ressentiment particulier, vous & eux ne concouriez de tout votre pouvoir au maintien du bon ordre & de la tranquillité. C'est ce qu'elle vous charge de leur dire de sa part.*

triotes

triotes bien éloignés de se livrer aux excès dont
les parties adverses s'étaient rendues coupables ;
fondés sur la justice de l'Assemblée Nationale,
se contentèrent de protester contre l'élection ; &
leur protestation, NOSSEIGNEURS, signée du plus
grand nombre des Citoyens, est sous vos yeux (1).
Une partie des autres, qui n'a pas voulu assister
à l'élection, mais qui n'a pas pu, ou qui dans
la crainte de la verge des Aristocrates, n'a pas
osé signer cette protestation, n'attend pour dé-
clarer son vœu que le moment où vous aurez prononcé votre protection, pour les mettre à l'abri de
tant d'horreurs.

Vous venez de voir, NOSSEIGNEURS, un assem-
blage de faits odieux. Vous venez de voir un
peuple malheureux, & depuis trop long-tems op-
primé, qui vous implore avec son Pasteur, afin
vous daigniez l'aider à rompre le joug qu'on
veut encore aggraver sur sa tête. Sages, qui
créez la Constitution, ne regardez pas cette
cause particuliere comme indifférente à la cause
générale, & songez que de la liberté d'Huningue
dépend peut-être la liberté des Français. C'est une
Ville forte ; c'est une clef de la France ; & si
l'aristocratie venait à s'en emparer, elle s'en fer-

____

(1) *Piece*, No. 25.

C

virait, pour fe rouvrir la porte de notre Empire.
Craignez, craignez, Nosseigneurs, que les
étrangers & les réfugiés ennemis de la régéné-
ration, qui font dans fon voifinage, n'ayent formé
à ce fujet de perfides deffeins.

Cependant, Nosseigneurs, n'étendez pas le
bras de la vengeance fur ces freres égarés par
des intrigues criminelles, qui n'ont pas vu le précipice qui s'ouvrait fous leurs pas. Les Citoyens
d'Huningue, quoiqu'opprimés par eux, implorent
pour eux votre miféricorde. Ils ne veulent pas qu'ils
foient écrafés des rigueurs de la juftice, mais
qu'ils obtiennent leur pardon, & qu'ils appren-
nent à connaître le prix de vos Loix, & à jouir
avec eux du bonheur que vous leur préparez.

RÉSUMÉ ET CONCLUSIONS.

Le jour des doléances ranime l'ame flétrie des
Citoyens d'Huningue. Ils fe roidiffent contre les
concuffions & les abus d'autorité du Magiftrat &
du Commandant. Des octrois injuftes font abo-
lis ; les municipaux ufurpateurs font légalement
deftitués. L'ariftocratie fouffle la difcorde dans la
nouvelle municipalité. Le très-petit nombre veut
affervir, déshonorer le très-grand nombre. Le Syndic arrête les opérations du bien public. Il retient
les dons & l'argent qui appartiennent à l'Etat. Sou-

tenu par le Lieutenant-de-Roi, Il entreprend de
suspendre la nouvelle organisation. Il se retire de
l'élection, & entraîne quelques adhérents. Protestation illusoire faite par eux. Menaces réitérées du sieur
de Buffévent pour dissoudre l'Assemblée. Députés de
la Commune à Strasbourg, qui portent toutes les
pieces. Réprimandes du Commandant de la Province au Commandant de la Place. Arrêté de la
Commission intermédiaire pour faire continuer
l'élection. L'Assemblée est convoquée par le Curé-
Président ; & l'Hôtel-de-Ville étant fermé par le
Syndic, de concert avec le sieur de Buffévent,
elle se réunit dans l'Eglise. Le Syndic & les Magistrats opposants accourent en fureur, outragent,
menacent, frappent, brisent les tables. Le Commandant, requis par le Président de donner main-
forte, vient lui-même l'insulter, & favoriser les
aggresseurs. Il refuse de faire mettre l'ordre. L'Assemblée se dissout. Un Général qui arrive promet
une Garde pour le lendemain, & le lendemain
il la refuse. L'Eglise & la maison du Curé-Président, sont environnées de Sentinelles, qui ne
permettent pas aux Bourgeois d'y entrer. Sa vie
est en danger. Député de la Commune, il part
pour l'Assemblée Nationale. Dans son absence une
municipalité est formée au milieu des baïonnettes
par la double astuce du Notaire. Petite portion

de Citoyens abufée ou forcée pour cet effet; la grande portion proteftant contre l'élection. Dol & violence. Liberté anéantie. Rétractation de S. A. le Prince-Évêque de Bâle, du Comité de Conftitution & autres, furpris ou violentés.

Ce considéré, Nosseigneurs, il vous plaife décréter que la municipalité illégale d'Huningue eft & fera révoquée; que toutes chofes feront remifes en l'état où elle étaient lors des menaces de l'Etat-Major à la Commune le 1. Février; que les perfonnes & les biens du Curé & des Patriotes fes Conforts, feront mis fous la protection de l'Affemblée Nationale & du Roi; que la future Municipalité fera tenue de redreffer & réparer avec modération, & fous la furveillance du département, tous les torts & griefs réfultants du défordre, & que le fieur de Buffévent fera privé du commandement des armes dans cette circonftance. Sauf néanmoins telles autres conclufions que le Comité des rapports jugera convenables pour affurer l'ordre public & la Liberté. Et ferez juftice.

DELARUE, *Curé, Député de la Commune d'Huningue.*

RÉFUTATION DES OBJECTIONS.

Les Aristocrates qui s'opposaient à la nouvelle organisation dans Huningue, voulurent s'étayer de quelques raisons apparentes pour arrêter le Peuple.

1°. Ils avancerent que *le Curé ne payait pas l'impôt, & qu'en qualité de Chanoine Régulier il n'etait pas Citoyen actif.* La Commune rejetta leur projet malicieux, reconnut que le Curé payait 71 livres de vingtiemes, &c. par retenue sur son fixe; que sa place lui donnait droit d'entrer aux Assemblées, & l'admit par acclamation (1). Le Comité de Constitution que les adversaires avaient d'abord surpris par de faux exposés (car, qui est-ce qu'ils n'ont pas voulu surprendre) vient, en rétractant sa décision, de prononcer en faveur du Curé (2).

2°. Ils prétendirent *exclure les étrangers Bourgeois, qui, jusqu'alors, avaient voté dans toutes les affaires de la Commune.* Le mot, *devenu Français*, que porte le décret, parut obscur. On fut d'acord que tous ceux qui n'avoient pas acquis le droit de Bourgeoisie, & qui par conséquent n'avaient pas prêté serment ni voté dans les anciennes

____

(1) Piece, N°. 8.
(2) Piece, N°.

Affemblées , ne devaient pas être admis. Mais pour ceux qui avaient prêté ferment & payé le droit de Bourgeoifie, & par conféquent celui de voter , leur réclamation parut digne des Citoyens qui les avaient toujours regardé comme leurs freres. On les fit retirer pour la décider par le fcrutin , & il n'y eut que quatre voix contre eux (3); on les reçut donc comme on les avait reçus à Strasbourg & à Briffac. Dés raifons encore plus fortes militaient en leur faveur à Huningue Villeneuve frontiere, qui a été prefque entiérement peuplée par des Allemands & des Suiffes , qui forment encore la quatrieme partie des habitans. Ils y ont apporté leurs biens & leur induftrie , ils y partagent les charges & les impôts depuis 10 , 20 & 40 ans. Ils y ont acheté le droit de Bourgeoifie & celui de voter. Et comment la Commune aurait-elle ofé les priver de ce droit qu'elle leur avait vendu , à moins d'y être forcée par une loi explicite de l'Affemblée Nationale ? Or, l'Affemblée Nationale , bien loin de prononcer explicitement contre eux , a prononcé implicitement en leur faveur, par le mot *devenu Français*. Puifqu'ils ont prêté ferment de fidélité à leur récep-

---

(1) Piece , No. 8.

(39)

tion; ils ont cessé dès-lors d'être étrangers à nos
yeux; & nous ne pouvons sans une injustice criante
les rejetter du nombre des Citoyens, parmi lesquels
nous les avons admis.

3°. Les adversaires reprochent aux Patriotes
d'avoir admis au suffrage des Citoyens à peine pu-
berts, & d'autres habitans qui n'étaient pas Citoyens
actifs. C'est une calomnie qui est réfutée par les
procès-verbaux, où l'on verra que tous ceux qui ont
voté étaient majeurs de 25 ans, Français ou *de-*
venus Français, domiciliés, & payant trois jour-
nées de travail.

Mais, disent-ils, *on a fixé la journée à douze*
sous, & nous voulions qu'elle fût portée à vingt sous.
Effectivement, c'était *leur vouloir* d'exclure tous
les Citoyens malaisés, tous les étrangers *devenus*
Français, le Curé, les Vicaires, &c. Et alors
sur 230 feux, ils auraient eu environ 100 votants,
parmi lesquels ces Aristocrates militaires, judiciaires & municipaux, étaient assurés d'avoir la
prépondérance de l'astuce & de la force, pour sup-
pléer à celle du nombre.

Tel était, Nosseigneurs, le but de cette classe
oppressive, qui lutte sans cesse contre la Loi, pour
conserver ses usurpations. Elle a fait son opposi-
tion au développement du bonheur public; elle
vous a adressé ses réclamations, elle vous en

adreſſera encore de nouvelles ; elle multipliera ſes moyens de chicane à l'infini pour retarder l'établiſſement de la Conſtitution ; & elle ſe flatte qu'en prolongeant l'anarchie, elle pourra faire triompher ſes deſſeins pervers.

Les Citoyens Patriotes devaient rompre ces machinations. Ils devaient, NOSSEIGNEURS, en ſuivant votre vœu, accélérer la formation de la municipalité, & terminer toutes les diſcuſſions dans l'Aſſemblée primaire. Autoriſés d'ailleurs par un arrêté exprès de la commiſſion intermédiaire provinciale, ils ne pouvaient plus reſter dans l'indéciſion. Ils ont avancé pour coopérer à vos vues ; & vous remarquerez dans toutes leurs opérations un caractere de juſtice, d'humanité & de patriotiſme dont leurs adverſaires ſe ſont toujours éloignés. Vous réprimerez, NOSSEIGNEURS, l'aſtuce & la force qu'ils employent pour arrêter le développement du bien public. Vous rendrez la liberté aux Citoyens aſſervis de la Commune d'Huningue, & vous les ferez jouir du bonheur de la Conſtitution que vous créez pour les Français.

PROJET

PROJET de décrets généraux , dont l'affaire d'Huningue démontre la nécessité.

1°. QUE toutes les élections & délibérations quelconques d'Assemblées , dans lesquelles le dol ou la force auront agi, soient déclarées nulles.

2°. Qu'aucune protestation ou réclamation ne pourra suspendre les opérations d'une Assemblée d'élection ; que toutes les discussions qu'on y élévera seront décidées provisoirement par elle-même; sauf aux protestants ou réclamants de se pourvoir ensuite au District & au Département, pour faire casser & annuller l'élection , si elle est illégale.

3°. Que l'Assemblée Nationale en excluant les étrangers, n'a point entendu priver du droit de voter dans l'Assemblée de la Commune , ceux qui dans certaines Villes jouissaient de ce droit, *après avoir prêté serment de fidélité & acquis la Bourgeoisie ;* qu'elle les reconnaît pour *devenus Français & Citoyens actifs*, s'ils ont d'ailleurs les autres conditions requises : se réservant de prononcer à l'avenir sur les formes nécessaires pour être reçu Français.

« *Aujourd'hui que nous admettons parmi nous*
» *un Peuple d'étrangers qui avaient toujours été*

» *odieux aux Communes, combien ne ferait-il pas*
» *injufte d'exclure ceux qui leur avaient toujours*
» *été agréables, à qui elles avaient vendu le droit*
» *de Citoyens & qu'elles regardaient comme des*
» *freres ?* »

4°. Que les Etats-Majors des Places feront &
demeureront fupprimés fans délai , avec une penfion égale aux deux tiers de leurs appointemens,
& leurs fonctions attribuées aux Officiers des Régiments en garnifon. Il faut dire la même chofe
des Gouverneurs de Province & de Ville.

« *Il eft clair que les Etats-Majors font inutiles*
» *& difpendieux ; & l'expérience prouve à Huningue, qu'ils peuvent être très-nuifibles à l'établiffement de la Conftitution. En déchargeant ces Officiers de tout fervice, ils feront fort aife de jouir*
» *des deux tiers de leurs appointemens pour retraite. Et cependant l'autre tiers de leurs appointemens, avec le loyer ou l'intérêt de la vente*
» *aes grands bâtimens qu'ils occupent, formera une*
» *économie annuelle de quatre millions. Qu'on daigne confidérer que le retard de cette opération*
» *économique & politique, occafionne chaque jour*
» *une perte de onze à douze mille livres à l'État* ».

De l'Imp. de Cl. Simon, Imprimeur de Mgr. l'Archevêque,
rue St.-Jacques, près St.-Yves, N°. 27. 1790.